Sigrid Heinzmann

Modellieren mit Fimo und Co

Laura

AUGUSTUS

Inhalt

Material und Hilfsmittel

Modelliermassen

● **Fimo classic**
gibt es in vielen bunten, deckenden und transparenten Farbtönen. Die Masse wird im Backofen etwa 30 Minuten bei 100 bis 130 °C gebrannt. Nach dem Brennen können die Modelle zusätzlich mit Acrylfarben bemalt werden.

● **Lufttrocknende Modelliermassen**
besitzen eine rauere Oberfläche und müssen – wie der Name sagt – an der Luft getrocknet werden. Je nach Modellierstärke dauert die Trocknung zwei bis drei Tage. Danach kann nach Wunsch mit Acrylfarben bemalt werden. Angebrochene Materialpackungen in eine angefeuchtete Plastikfolie einpacken und luftdicht – am besten in einer Plastikdose mit verschließbarem Deckel – aufbewahren.

● **Backton**
kann man frei modellieren und sogar auf der Töpferscheibe drehen. Vor dem Modellieren muss der Ton zuerst gut ausgeklopft werden, damit keine Lufteinschlüsse im Material bleiben. Beim Modellieren befeuchten Sie die Hände leicht mit Wasser.

Vor dem Brennen müssen größere Objekte vollständig austrocknen, kleinere Modelle können nach dem Formen sofort gebrannt werden. Gebrannt wird bei 130 °C im Backofen, und zwar – je nach Materialstärke – um die 30 Minu-

ten. Nach dem »Backen« und Aushärten ist der Ton wasserfest. Wasserundurchlässig wird er durch Glasieren mit einer speziellen Backtonglasur.

Angebrochene Materialpackungen, wie oben erwähnt, in einem luftdichten Gefäß aufbewahren.

● Tipp ●

Alle Modelliermassen- oder Backtonobjekte lassen sich nach dem Härten noch schleifen oder bohren.

3

Farben und Lacke

● **Acrylfarben**
Alle in diesem Buch vorgestellten Modelle sind mit Acrylfarben bemalt. Sie erhalten diese im Bastelfachhandel oder in Schreibwarengeschäften. Die wasserlöslichen Acrylfarben – oft auch als »Plakatfarben« bezeichnet – können deckend, z. B. als Grundierung, oder auch verdünnt aufgetragen werden. Es gibt sie als matte oder glänzende Farbe.

● **Klarlack**
dient dem Schutz der modellierten Objekte. Achten Sie darauf, Lacke auf Kunstharzbasis zu kaufen, da sich bei manchen anderen Klarlacken die Acrylfarben anlösen.

Falls Sie Fimo als Modelliermasse verwenden, empfiehlt sich ein spezieller Fimoklarlack, da andere Fabrikate nach dem Trocknen oft noch klebrig bleiben.

● **Tipp** ●

Wenn Sie Ihre Modelle mit Bootslack, der in Modellbauläden erhältlich ist, lackieren, können Sie die Objekte auch im Freien aufstellen.

Klebstoffe

sind in Bastelgeschäften, im Schreibwarenhandel oder in Baumärkten erhältlich.

● **Alleskleber**
eignet sich zum Befestigen von Papier, Stoff, Filz und Karton. Er sollte aber sparsam aufgetragen werden, da der Kleber leicht durch das Material »durchschlägt«.

● **Kraftkleber**
werden zum Kleben von Moosgummiteilen und Modelliermassen, zum Befestigen von Broschennadeln, Holzperlen und vielen anderen Materialien verwendet.

● **Heißkleber und Heißklebepistole**
zum Kleben von gröberen Arbeiten. Für Styropor und feine Klebearbeiten ist diese Methode weniger geeignet.

Schnüre

benötigen Sie zum Auffädeln und Verbinden von Figuren. Es bieten sich Lederriemen mit einem Durchmesser von

1 mm oder 0,5 mm dicke Gummischnüre an. Sie sind in unterschiedlichen Farben in Bastel- oder Nähgeschäften erhältlich.

Steckdrähte

werden zum Verbinden von Einzelteilen oder Auffädeln von Kugeln verwendet. Sie sind in Bastelgeschäften oder Gartenfachmärkten erhältlich.

Schaschlik- oder Rundholzstäbe

Sie dienen der Verbindung von Körperteilen oder als Steckmöglichkeit für Figuren und werden in Bastel- oder Baumärkten angeboten.

Dekorationsmaterialien

wie Moosgummiplatten, Holzperlen oder bunte Holzrädchen, Strickschläuche, Wackelaugen, Filz, Bänder, Zylinder, Naturbast, Blüten und Blätter werden in großer Auswahl in Bastelfachmärkten, Schreibwarenläden, Bau- und Gartenmärkten mit Bastelabteilungen angeboten.

Zubehör

wie Broschennadeln, Haarspangen, Schlüsselringe, Kettelstifte oder Magnete zum Aufkleben finden Sie in gut sortierten Bastelfachmärkten, vereinzelt auch in Nähgeschäften und im Schreibwarenhandel. Zum Befestigen verwenden Sie Kraftkleber oder teilweise auch die Heißklebepistole.

Werkzeuge

● **Papiermesser (Skalpell)**
Das Papiermesser mit schmaler Klinge eignet sich hervorragend zum Ausschneiden von feinen Modellierarbeiten oder beispielsweise zum Halbieren von kleinen Wattekugeln. Eine Schneideunterlage ist hier sehr hilfreich. Die Messer sind im Bastel- und Schreibwarenhandel erhältlich.

● **Scheren**
werden zum Ausschneiden der Vorlagen aus Papier benötigt. Für Filz und Stoff sollte eine Stoffschere, zum Kürzen der Schaschlikstäbe eine kleine Kombizange verwendet werden.

● **Wellholz aus Plastik oder Linolwalze**
Zum Auswellen der Modelliermassen benötigen Sie eine entsprechende Walze. Holz als Grundmaterial ist hier weniger geeignet, da bei farbigen Massen wie Fimo Spuren zurückbleiben.

● **Pinsel**
Zum Grundieren, Lackieren oder für gröbere Malarbeiten können einfache breite Haarpinsel verwendet werden. Für feinere Bemalungen sollten Sie sich einen Marderhaarpinsel der Stärke 3 bis 5 aus dem Bastel-, Schreibwaren- oder Farbengeschäft zulegen.

Gänsemarsch

Vorlagenbogen Seite A

Bei wärmeren Temperaturen setzt sich auch der Gänsezug in Bewegung ...

ßend glätten Sie mit angefeuchteten Fingern alle Schnittkanten. Ein Backblech mit Alufolie auslegen und die ausgestochenen Tonteile im Backofen bei 130 °C etwa 30 Minuten brennen.

Nach dem vollständigen Abkühlen (ca. zwei Stunden) können die Tongänse mit Acrylfarben ganz nach Wunsch bemalt werden (siehe Abbildung). Den Gänsehals ziert ein kariertes Bandschleifchen, das Sie mit feinem Draht oder Bindfaden zusammenfassen und mit Klebstoff befestigen. Mit der Klebepistole bringen Sie den zuvor passend bemalten Rundstab an der Rückseite der Figur an.

Das wird gebraucht

Backton, terrakotta oder weiß
Acrylfarben
60 cm blau kariertes Band
2 Rundstäbe, Ø 6 mm

So wird's gemacht

Den Backton vor dem Verarbeiten gut durchkneten und schlagen. Mit dem Wellholz rollen Sie eine größere Platte aus und legen die Vorlage auf. Mit einem scharfen Messer oder dem Skalpell die Konturen nachfahren und ausschneiden (siehe Abbildung). Anschlie-

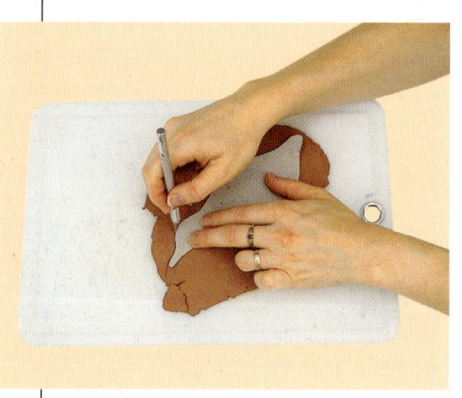

● Tipp ●

Vergrößern Sie die Gänse-Vorlage mit dem Kopierer und arbeiten Sie die Motive aus einer ca. 1,5 cm dicken Tonplatte – so entsteht eine fröhliche Gartendeko.

Endlich Frühling!

Vorlagenbogen Seite A

Bunte Tulpen und ein zwitschernder Vogel als Willkommensgruß für die erwachende Natur z. B. an Ihrem Fensterbrett.

Das wird gebraucht

Backton, weiß oder terrakotta
Acrylfarben
Rundstäbe, Ø 4 mm und 6 mm

So wird's gemacht

Den Backton etwa 0,5 cm dick auswellen und nach Vorlage die Tulpen, das Häuschen und den Vogel mit einem Skalpell oder glatten Messer ausstechen (siehe auch Seite 6). Kürzen Sie das dünnere Rundholz auf eine Länge von 1,5 cm und drücken Sie es als Sitzstange für den Vogel in die noch weiche Tonmasse des Häuschens. Die Tonrohlinge werden nun bei 130 °C etwa 30 Minuten im Backofen gebrannt. Anschließend abkühlen lassen.

Mit Acrylfarben werden die Tonmodelle jetzt ganz nach Wunsch bunt bemalt. Zum Schluss befestigen Sie mit der Klebepistole die Rundholzstäbe auf der Rückseite.

Fleißige Henne

Vorlagenbogen Seite A

Diese Henne legt schon eifrig ihre Eier für's nahende Osterfest.

Das wird gebraucht

Modelliermasse, weiß
Acrylfarben
Rundstab, Ø 6 mm
2 Holzkugeln, Ø 20 mm
Seidentulpen mit Blättern
Naturbast
Steckdraht
Passendes Satinband

So wird's gemacht

Die Modelliermasse ca. 1 cm stark ausrollen, die Papiervorlagen auflegen und mit einem glatten Messer die Umrisse der Henne samt Eiern ausstechen. Der Flügel und die Punkte auf dem Gefieder der Henne werden mit einem Schaschlikstäbchen in die noch weiche Masse eingeritzt. Außerdem bohren Sie mit dem Schaschlikstäbchen Löcher zum Aufhängen der Eier. In den Rücken der Henne drücken Sie hierfür ein zu einer Klammer gebogenes Steckdrahtstückchen ein.

Mit angefeuchteten Fingern die Schnittkanten der Modelliermasse glätten,

die Teile zwei bis drei Tage an der Luft trocknen lassen und anschließend bemalen.

Das Rundholz auf eine Länge von ca. 25 cm kürzen, die Holzkugeln an beiden Enden ankleben und den Stab nach Wunsch passend bemalen. Die Henne wird mit Kraftkleber oder der Klebepistole auf der so vorgefertigten Sitzstange befestigt.

Abschließend bringen Sie als Dekor die Tulpen und zwei aus Naturbast gebundene Schleifen mit der Klebepistole an der Bauchunterseite des Huhns an. Die Eier werden an langen Bastfäden befestigt und am Stab eingehängt. Als Aufhängung für das gesamte Arrangement verwenden Sie das Satinband.

Hasenmobile

Vorlagenbogen Seite A

Ein schöner Rücken ... macht auch bei einem Hasen einen hervorragenden Eindruck.

Das wird gebraucht

Backton, terrakotta oder weiß
Acrylfarben
Wickeldraht, blau, Ø 6 mm
Efeublätter
Seidenblüten
Kleine Reisigbündel

So wird's gemacht

Stechen Sie mit Hilfe der Vorlagen den Hasen und die Möhren aus; anschließend die Schnittkanten glätten.

Eine kleine Drahtschlinge für den Kopf und ein längeres Drahtstück für die Möhrenschnur werden vor dem Glätten der Tonmasse auf der Rückseite der Hasenfigur in die noch weiche Masse eingedrückt. Alternativ können Sie aber auch mit einem Schaschlikstäbchen Löcher bohren. Auch für die Möhren stechen Sie mit einem Drahtstück jeweils ein kleines Loch. Die Teile anschließend im Backofen brennen (vgl. Seite 3) und nach dem Abkühlen entsprechend bemalen.

Mit der Klebepistole werden nun einzelne Efeublätter und kleine, mit Seidenblumen verzierte Reisigbüschel an der Drahtschnur befestigt. Dazwischen fädeln Sie die Möhren auf; dabei den Draht ober- und unterhalb der Möhren jeweils zu einer kleinen Öse biegen. So können diese nicht verrutschen.

Allerlei Lang- und Spitznasen

Vorlagenbogen Seite A

Humorige Menschen werden sich diese Charakterprofile bestimmt gern ans Revers heften.

Das wird gebraucht

Modelliermasse, weiß
Acrylfarben
Broschennadeln oder Haarspangen
Minischleifen
2 halbe Wachsperlen, weiß

So wird's gemacht

Die weiße Modelliermasse wird gut durchgeknetet und ausgerollt. Als Arbeitsunterlage ein Plastikbrett verwenden. Nun legen Sie die ausgeschnittene Vorlage auf und schneiden mit einem Messer oder Skalpell die Kopfform aus. Die Kanten werden mit den Fingern geglättet.

Für die Brille einen sehr dünnen Wulst aus Modelliermasse rollen und am Kopf aufmodellieren. Mit der Messerkante oder einem Modellierstäbchen werden Haare und Kragenansätze herausgearbeitet. Nach Wunsch die gehärtete Masse mit hautfarbener Acrylfarbe grundieren und die Köpfe bunt kolorieren.

Für die Dame kleben Sie noch eine kleine Schleife und eine Ohrperle auf. Die Broschennadeln oder Haarspangen auf der Rückseite festkleben.

Baumelnde Ansteckfiguren

Vorlagenbogen Seite A

Damit sich am Rucksack oder an der Tasche etwas bewegt, haben diese Figürchen separate Gliedmaßen.

Das wird gebraucht

Schaf
Fimo, blau transparent, weiß
Ausstechform mit Wellenrand
10 cm Lederschnur, schwarz
Acrylfarben
Broschennadel

Maus
Fimo, grau, gelb
20 cm Band
20 cm Lederschnur, schwarz
Streichholz
Kleine Lederreste
Acrylfarben
Broschennadel

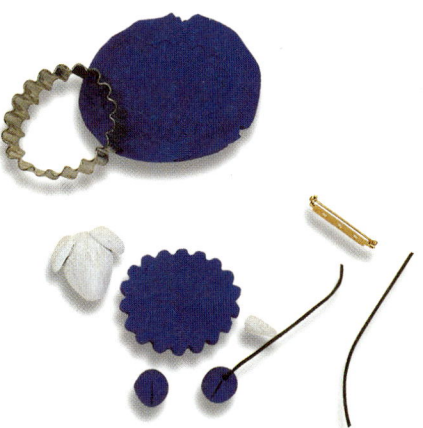

Das wird gebraucht

Clown

Fimo, pink, lila

2 Holzkugeln, natur, Ø 25 und 6 mm

Minizylinder

Plüschhaare

2 Holzfüße, 15 mm groß

8 cm Schleifenband

12 cm Lederschnur, pink

Acrylfarben

Broschennadel

So wird's gemacht

Schaf

Die blaue Fimomasse gut durchkneten und mit einem Wellholz ausrollen. Drücken Sie das runde Backförmchen leicht zusammen, so dass eine ovale Form entsteht. Den Körper ausstechen, die restliche Modelliermasse vorsichtig entfernen.

Mit einer Nadel oder einem Schaschlikstäbchen bringen Sie zwei Löcher an der Körperunterseite an. Für die Hufe wird eine kleine Kugel geformt; diese mit dem Messer halbieren und die Kanten etwas nachmodellieren. Mit dem Schaschlikstäbchen drücken Sie auch hier die Öffnungen für die Schnüre ein.

Aus weißer Modelliermasse eine weitere Kugel formen, diese auf beiden Seiten leicht flach drücken und dabei die Kopfform herausarbeiten. Die geformten Ohren seitlich am Kopf aufsetzen und andrücken. Nach dem Brennen wer-

den Kopf und Schwänzchen am Körper festgeklebt. Kleben Sie jeweils ein Stückchen Lederschnur in die Öffnungen der Hufe ein und befestigen Sie die Enden anschließend in den Körperöffnungen.

Kopf und Schwanz bemalen und nach dem Trocknen das fertige Schaf zum Schutz mit Klarlack überziehen. Eine Broschennadel auf der Rückseite des Körpers festkleben.

Maus

Nach Vorlage schneiden Sie die Körperform aus Modelliermasse aus (siehe Seite 6); die Löcher im Käse werden mit unterschiedlich dicken Rundhölzern eingedrückt. Mit den Fingern die Kanten des Körpers abrunden, mit einem Schaschlikstäbchen drücken Sie die Löcher zum Einkleben der Schnüre – auch für den Halsansatz – ein.

Den Kopf aus einer Fimokugel eiförmig modellieren, wobei die Nasenspitze frech nach oben zeigt. Für die Hände formen Sie zwei kleine Kügelchen, aus einer größeren, leicht flach gedrückten und mit dem Messer halbierten Kugel entstehen die Füße. Auch hier stechen Sie jeweils die Öffnungen für die Schnüre ein, in den Kopf stecken Sie ein kurzes Zündholzstück, das etwa 1,5 cm herausragen sollte. An der Stirn noch zwei Löcher für die Ohren eindrücken. Schneiden Sie jetzt nach Vorlage die Ohren aus Leder aus.

Nach dem Brennen und Aushärten alle Teile zusammenkleben, die Schnüre einkleben und das Mäuschen bemalen.

Zum Schluss die Ohren und eine kleine Schleife anbringen. Die Broschennadel auf der Rückseite befestigen.

Clown

Der Clown wird genauso angefertigt wie die Maus. Für Kopf und Nase wer-den hier allerdings Holzkugeln verwen-det, und auch die Füße sind fertig gekauft. Das Gesicht und das Herz auf dem Körper werden mit Acrylfarben aufgemalt. Aufgeklebte Plüschhaare und ein kleiner Zylinder machen den »Spaßvogel« perfekt.

»Who is Who?« der Türschilder

Vorlagenbogen Seite A

Bestimmt finden Sie für jeden Zweck, für jeden Charakter und ganz nach Vorlieben und Abneigungen das passende »Aushängeschild«.

So wird's gemacht

Krokodil

Den Körper des Krokodils schneiden Sie nach der Vorlage aus Moosgummi aus. Anschließend die Holzhalbkugeln mit grüner Acrylfarbe grundieren. Nun kleben Sie das Stäbchen so zwischen die beiden Körperhälften, dass die Enden gleich lang überstehen (siehe Abbildung). An einer Außenseite werden nun noch die bemalten Holzhalbkugeln aufgeklebt.

Die grüne Fimomasse gut durchkneten, auswellen und mit Hilfe der Vorlage die Umrisse von Kopf und Schwanz mit einem Messer ausschneiden. Drücken

Das wird gebraucht

Krokodil
Fimo, grün
2 Wackelaugen, Ø 8 mm
Goldpuder
10 x 10 cm Moosgummi, grün, 3 mm stark
Moosgummibuchstaben
Acrylfarben
Tüllrest
2 Holzhalbkugeln, Ø 25 und 10 mm
3 Holzhalbkugeln, Ø 20 mm
1 Bildaufhänger
Schaschlikstäbchen, 20 cm lang, Ø 3 mm

Maus
Fimo, gelb, rot
2 schwarze Glashalbperlen, Ø 4 mm
Acrylfarben
15 cm Baumwollschnur, schwarz
Streichholz
Karierter Bandrest
Plüsch- oder Wollerest, schwarz
Bildaufhänger

Pinguin
Fimo, schwarz
Acrylfarben
20 cm Baumwollkordel, schwarz
Rubbelbuchstaben
12 cm Strickschlauch, gelb, 15 mm breit
Bildaufhänger

Sie ein Stückchen Tüll auf; das gibt dem Krokodil seine typische Hautstruktur. Nach dem Brennen mit einem Lappen oder mit den Fingern zusätzlich noch ein wenig Goldpuder auf die Fimoteile aufreiben.

Die Wackelaugen aufkleben, den Mund und die Zähne mit Acrylfarben aufmalen. Dann werden Kopf und Schwanz mit Klebstoff auf dem Schaschlikstäbchen befestigt. Zum Schluss den Namenszug aus Moosgummibuchstaben aufkleben, Bildaufhänger an der Rückseite befestigen – fertig!

einkleben. Malen Sie nun die Details und bringen Sie den gewünschten Schriftzug an. Eine kleine Schleife und ein winziges Stückchen Plüschhaar geben der herzigen Maus den letzten Pfiff. Befestigt wird sie mit dem Bildaufhänger auf der Rückseite.

Pinguin

Den Pinguin fertigen Sie genauso wie die Maus. Er erhält statt separater Füße ein baumelndes Schildchen. Schnabel, Füße, Bauch und Augen sind mit Acrylfarben gemalt. Die Buchstaben können aufgerubbelt oder -gemalt werden. Ein gelber Strickschlauch als Schal schützt vor der klirrenden Kälte.

Maus

Die rote Modelliermasse gut durchkneten, auswellen und mit Hilfe der Vorlage den herzförmigen Körper ausschneiden. Genauso fertigen Sie die gelben Hände, die anschließend am Körper angedrückt werden. Mit einem Schaschlikstäbchen die Löcher für die Schnüre und den Hals vorstechen.

Der Kopf wird aus einer Kugel eiförmig modelliert; an der Unterseite stechen Sie wieder die Öffnung für den Hals ein, an der Stirn diejenigen für die Ohren. Als Augen die Glashalbperlen eindrücken. Ohren und Füße modellieren.

Nach dem Brennen und Trocknen werden Kopf und Herz mit einem Streichholzstück als Verbindung zusammengeklebt. Außerdem die zurechtgeschnittenen Schnüre in die Öffnungen und Füße

In voller Fahrt
Vorlagenbogen Seite A

Für alle, die gern unterwegs sind, findet sich hier das geeignete Fortbewegungsmittel – wenn auch mit unterschiedlichen Geschwindigkeiten ...

Das wird gebraucht

Modelliermasse, weiß oder terrakotta
Bunte Holzscheiben, Ø 15 mm
2 Holzperlen, gelb, Ø 6 mm
Acrylfarben
Broschennadeln
Lederschnur, schwarz

So wird's gemacht

Die Modelliermasse gut durchkneten und ausrollen. Die kopierte und ausgeschnittene Vorlage auflegen und mit einem Messer die Umrisse ausschneiden. Anschließend werden die Ränder der noch weichen Masse mit den Fingern nachgearbeitet. Drücken Sie nun die Innenkonturen der jeweiligen Formen und Öffnungen für die Schneckenfühler mit einem Modellierstäbchen in die Masse ein.

Nach dem Aushärten werden die Formen bunt bemalt. Kurze Lederriemenstücke in die Perlen einkleben und als Fühler in die Öffnungen am Schneckenkopf kleben. Als Räder kleben Sie die Holzscheiben auf, die Broschennadeln mit Kraftkleber auf der Rückseite befestigen. Nach Wunsch und zum Schutz der bemalten Flächen können die Broschen noch mit Klarlack überzogen werden.

Unzertrennlich
Vorlagenbogen Seite A

Entdecken Sie pfiffige Dekorations-stellen für Ihre modellierten Motive – z. B. Schuhe.

Das wird gebraucht

Fimo, rot transparent
Acrylfarbe, schwarz
Klarlack
2 Kettelstifte, gold, mit Öse
2 kleine Spaltringe, gold
Fimolack

So wird's gemacht

Die Herzen nach Vorlage aus Fimo ausschneiden, die Linien einritzen und die Ösen in die noch weiche Masse drücken.

Nach dem Brennen werden die einge-drückten Linien schwarz bemalt und die Herzen zweimal lackiert. Mit einem eingehängten Spaltring lassen sich die Anhänger auf den Schnürsenkel auf-ziehen.

• Tipp •

Auch als Schlüssel- und Kettenan-hänger oder für Ohrringe sind die Herzen ohne weitere Veränderun-gen attraktiv zu verwenden.

Zur Taufe

Vorlagenbogen Seite B

Ein hübsches Mitbringsel für die Eltern des Täuflings und eine bleibende Erinnerung nach dem Fest.

Das wird gebraucht

- Backton, weiß oder terrakotta
- Acrylfarben
- Klarlack
- Rundholzstäbe, Ø 6 und 4 mm
- 5 cm Satinband für das Schleifchen
- 2 m Tüllband für Topfschleifen

So wird's gemacht

Eine ca. 1 cm starke Platte auswellen und mit Hilfe der Vorlage die Umrisse des Bären ausstechen. Für den Schuh

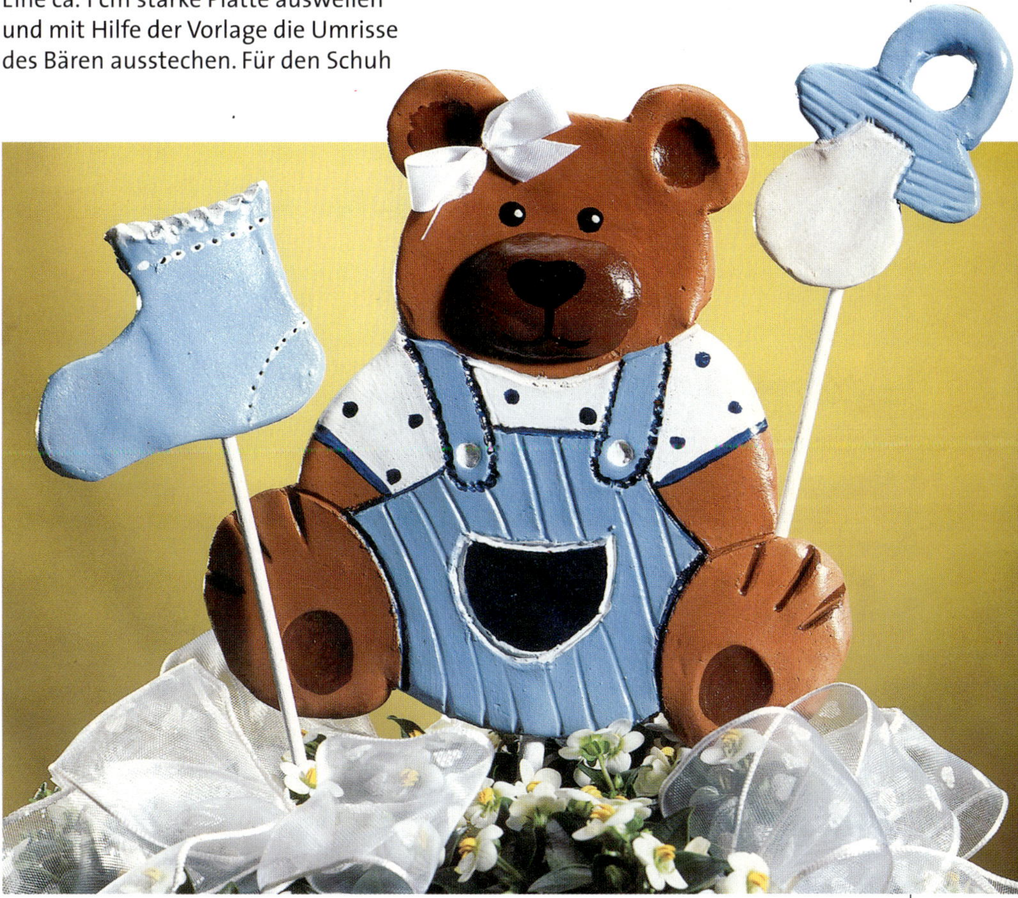

und den Schnuller eine etwa 0,5 cm dicke Platte ausrollen. Mit einem Schaschlikstäbchen werden nun die Innenkonturen von Anzug und Schuh auf der Papiervorlage nachgezogen und dabei auf die Tonmasse durchgedrückt. Mit dem Messerrücken kerben Sie die Rillen im Schnuller ein. Nach dem Brennen lassen sich die Teile so leichter bemalen. Zum Schluss lackieren und das Schleifchen am Ohr ankleben.

Bringen Sie passend bemalte Rundholzstäbe mit der Klebepistole auf der Rückseite der Figuren an. Zusammen mit einigen gebundenen Tüllschleifen können Sie den Baby-Bär mit seiner Ausstattung z. B. in einer blühenden Topfpflanze dekorieren.

Maritimer Fensterbaum
Vorlagenbogen Seite B

Den Urlaub noch ein wenig festhalten – mit einer ausgefallenen Sommerdekoration.

So wird's gemacht

Den Friesenbaum mit weißer Acrylfarbe grundieren und die verschiedenen Meeresbewohner nach Vorlage aus Backton ausstechen (siehe auch Seite 5). Anschließend brennen.

Das wird gebraucht
Backton, terrakotta
Acrylfarben
Fischernetz, orange
Fensterbaum (Friesenbaum) zum Aufstellen
Getrocknete Äste
Kieselsteine
Feenhaar, oliv

Nach dem Abkühlen der Tonrohlinge können Sie diese phantasievoll bemalen. Wählen Sie hierfür jeweils eine Grundfarbe, z. B. ein stark verdünntes Grau, aus. Damit wird das Motiv stellenweise grundiert, sodass der Ton noch immer hindurchschimmert. Ist diese erste Schicht getrocknet, malen Sie mit unverdünnten Farben die Details auf.

Zum Dekorieren des Baumes bringen Sie zunächst einen Rest Fischernetz mit Draht oder der Klebepistole stellenweise am mittigen Rundstab an. Die Meerestiere und kleine Büschel grünes Feenhaar werden dekorativ verteilt und mit der Klebepistole fixiert. Getrocknete Ästchen und kleine Kieselsteine bringen zusätzliches Flair in das maritime Gesteck.

● Tipp ●

Alle hier gezeigten Meeresbewohner eignen sich auch hervorragend als Tischdeko für ein Fisch-Essen. Auch echte Muscheln machen sich hier gut.

Fliegenpilz & Co
Vorlagenbogen Seite B

Diese fröhlichen Pilzgesellen mit ihrem Besucher sind sicherlich ein Trost, falls Ihnen die echten Vorbilder nicht ganz geheuer sind.

Das wird gebraucht

Fimo, weiß, terrakotta, rot, schwarz
Steckdraht
Acrylfarben
Rundholzstäbe, Ø 4 mm
2 m kariertes Band

So wird's gemacht

Pilze
Die Fimomassen gut durchkneten, bis sie geschmeidig sind. Anschließend auswellen und nach Vorlage die Pilzkappen und Stiele ausstechen. Danach aufeinander setzen und leicht festdrücken. Mit den Fingern werden jetzt noch die Kanten geglättet.

Käfer
Aus rotem Fimo einen eiförmigen, ca. 4 cm langen Körper formen; dabei eine Seite etwas flacher drücken. Mit einem Schaschlikstäbchen werden die Punkte und die Flügel eingeritzt. Für den Kopf formen Sie eine schwarze Kugel mit 1,5 cm Durchmesser und drücken sie am Körper an. Zwei etwa 2 cm lange Steckdrahtstücke als Fühler eindrücken und auf die Enden kleine Fimokügelchen aufstecken.

Fertigstellen
Die Pilze und den Käfer im Backofen härten und nach dem Abkühlen mit Gesichtern und weiteren Einzelheiten bemalen. Kleine rote Fimokügelchen dienen als Pilznasen und werden mit Klebstoff angebracht.

Die Rundholzstäbe können mit der Klebepistole auf der Rückseite der Pilze befestigt werden, der Käfer wird auf den Stab geklebt.

Den passenden Abschluss bilden kleine Schleifen aus kariertem Band, die Sie an den Stäben andrahten oder ankleben.

Emil,
die Schnecke

Vorlagenbogen Seite B

Dieses friedliche Schneckenexemplar richtet bestimmt keinen Schaden in Ihrem Blumentopf an.

So wird's gemacht

Mit Hilfe der Vorlage schneiden Sie Emil aus einer etwa 1 cm stark ausgewellten Tonplatte aus. Die Kanten mit angefeuchteten Fingern glätten; außerdem werden mit einem Schaschlik-

oder Modellierstäbchen die Rillen des Schneckenhauses in die noch weiche Tonmasse eingedrückt. Für die Fühler zwei ca. 3 cm lange Steckdrahtstückchen in den Kopf eindrücken. Im Backofen bei 130 °C härten.

Nach dem Abkühlen wird die Schnecke in Brauntönen bemalt und weiter verziert. Dazu kleben Sie zwei kleine Holzperlen auf die Fühler auf und bringen mit der Klebepistole einen passend bemalten Rundstab auf der Rückseite der Tonfigur an.

Kurze Reisigzweige mit Draht zu einem Büschel bündeln und am Stab andrahten oder ankleben. Binden Sie je eine lange Schleife aus Naturbastfäden und dem Satinband und platzieren Sie diese mittig auf dem Reisigbüschel. Mit kleinen Zapfen oder Eicheln verzieren. Aufgeklebte Seidenblätter schmücken die Schleifen.

Das wird gebraucht

Backton, weiß oder terrakotta
Steckdraht, Ø 1,2 mm
2 schwarze Holzperlen, Ø 4 mm
Reisigzweige
Naturbast
Schmales Satinband, grün, 1,50 m lang
Seidenblättchen
Kleine Zapfen oder Eicheln
Acrylfarben
Rundholzstab, Ø 6 mm

Winter- und Weihnachtsgrüße

Vorlagenbogen Seite B

Tanne, Niko und Schneemann sind vielseitig einsetzbar: als Baumanhänger, Fensterschmuck, Blumenstecker und vieles mehr.

Das wird gebraucht

Modelliermasse, weiß oder terrakotta
Acrylfarben
Klarlack
Wattevlies
Goldkordel, dünn, 50 cm lang
Schmales Satinband, je 50 cm lang,
  als Aufhänger

So wird's gemacht

Nach Vorlage die Figuren ausschneiden (siehe auch Seite 6), Kanten glätten und Innenkonturen wie Mütze, Bart, Ärmel oder Schal mit einem Bleistift bzw. Schaschlikstäbchen von der Papierschablone in die noch weiche Modelliermasse durchdrücken.

Nach dem Trocknen können kleine Unebenheiten oder scharfe Kanten gegebenenfalls mit einem glatten Messer oder feinem Schmirgelpapier noch nachgearbeitet werden. Die Figuren nach Wunsch kolorieren und lackieren, bevor weiter dekoriert wird.

Mantelsaum und Nikolausmütze bekleben Sie mit aufgezupftem Wattevlies; auch ein Teil des Schneemannkörpers wird davon verhüllt. Die Goldkordel um den Tannenbaum flechten und an den Enden die beiden Herzchen auffädeln.

Steckenpferd

Vorlagenbogen Seite B

Als Geschenk, als Erinnerung an Kindertage ... Nicht nur Pferdenarren werden mit diesem Modell ihre Freude haben.

Das wird gebraucht

Modelliermasse, weiß oder terrakotta
Jute- oder Sisalgarn, natur
1 m Schleifenband
Dünne Goldkordel, 1 m lang
Acrylfarben
Tannenzweige
Sternanis
Beeren
Reisigbüschel
Schmales Band, rot, 50 cm lang
Kiefernholzleiste, 10 x 5 mm stark
Bildaufhänger

So wird's gemacht

Den Pferdekopf und die Lebkuchen nach Vorlage aus der Modelliermasse ausstechen und an der Luft trocknen lassen. Nach dem Bemalen und Lackieren der modellierten Teile wird die Mähne gestaltet; dazu Jute- oder Sisalgarn in etwa 5 cm lange Stücke schneiden. Mit einem Jutefaden die Schnüre mittig zu kleinen Büscheln abbinden und die Enden aufzupfen. Diese Büschel bringen Sie nun mit der Klebepistole am Kopf an; mit der Schere werden sie zum Schluss auf gleiche Länge gekürzt.

Kleben Sie Satinbandstücke als Halfter auf. Dann wird der grün bemalte Stab mit der Klebepistole oder mit Kraftkleber an der Rückseite des Kopfes befestigt. Tannenzweige aufbinden und mit Sternanis, einem Reisigbüschel, roten Beeren und den Lebkuchen schmücken. Das Stabende mit einem hübschen Weihnachtsband umwickeln.

Aus demselben Band legen Sie eine Schleife für den Pferdehals und binden sie mit der doppelt gelegten Goldkordel ab. Zum Aufhängen eine Schrauböse oder einen Bildaufhänger an der Rückseite des Stabes anbringen.

● Tipp ●

Pferdekopf und Lebkuchen sind auch ein hübscher Schmuck für Türkränze oder, mit Stäben versehen, stimmungsvolle weihnachtliche Steckfiguren.

Herziger Adventskranz

Vorlagenbogen Seite B

Einfach und schnell in der Herstellung – und trotzdem bezaubernd in der Wirkung ist dieser Türkranz.

Das wird gebraucht

Modelliermasse, weiß oder terrakotta
Tüll- oder Leinenrest
Acrylfarben
Weidenkranz, Ø 25 cm
Tannenzweigspitzen
Weihnachtssternblüten
Mistelbeeren
Seidenblätter
Schmales Satinband, oliv, 2 m lang
60 cm kariertes Band
Golddraht, Ø 0,6 mm

So wird's gemacht

Die Herzen und Sterne nach Vorlage aus der Modelliermasse ausschneiden. Drücken Sie Tüll oder grobes Leinen auf die Oberfläche der Sterne auf, um die-

sen eine Struktur zu verleihen. Die Löcher zum Aufhängen für die Herzen werden mit einem Schaschlikstäbchen gebohrt. Lassen Sie die Rohlinge an der Luft trocknen; sie werden anschließend nach Wunsch bemalt.

Auf dem Weidenkranz kurze Tannenzweigspitzen, einzelne Seidenblätter, die Weihnachtssternblüten und Mistelbeeren dekorativ verteilen und jeweils mit der Klebepistole befestigen. An frei gebliebenen Stellen schlingen Sie ein kurzes Bandstückchen um den Kranz. Die Sterne in die Dekoration mit einkleben, die Herzen werden mit dem grünen Satinband am Kranz angehängt. An dieser Stelle befestigen Sie eine hübsch gebundene Schleife.

Dicken Golddraht locker um den Kranz schlingen. Das restliche grüne Satinband dient zur Aufhängung des Kranzes.

● Tipp ●

Auf einen Teller gelegt und mit einer schönen Kerze in der Mitte ist der Kranz auch ein herrliches Adventsgesteck.

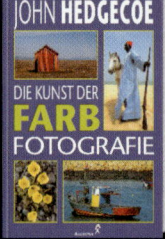
Die Deutsche Bibliothek – CIP-Einheitsaufnahme

Modellieren mit Fimo und Co : neue Ideen leicht gemacht /
Sigrid Heinzmann. – München : Augustus-Verl., 2000
(Ideenkiste : Basteln)
ISBN 3–8043–0756–6

Fimo® ist ein eingetragenes Warenzeichen der Firma EBERHARD
FABER in Neumarkt.

Fotografie: Klaus Lipa, Diedorf bei Augsburg
Arbeitsfotos: S. Heinzmann
Umschlagkonzeption: Kontrapunkt Kopenhagen
Umschlaglayout: Angelika Tröger
Reihenkonzeption: Kontrapunkt Kopenhagen
Layout: Anton Walter, Gundelfingen

AUGUSTUS VERLAG, München 2000
© Weltbild Ratgeber Verlage GmbH & Co. KG

Satz: Gesetzt aus 9,5 Punkt The Sans von DTP-Design Walter,
Gundelfingen
Reproduktion: GAV Prepress, Gerstetten
Druck und Bindung: Offizin Andersen Nexö, Leipzig

Gedruckt auf 135 g umweltfreundlich chlorfrei
gebleichtes Papier

ISBN 3–8043–0756–6

Printed in Germany